Iris A. Viola

BLÜTENWELT
Notizbuch

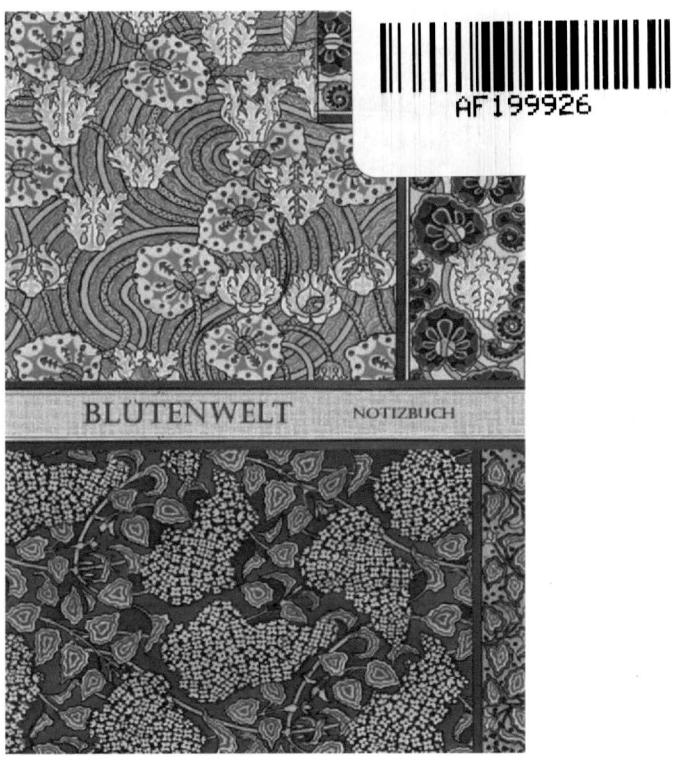

Format: 60 Seiten, 14,8x21 cm; 90 g/m2

Bibliografische Information der Deutschen Nationalbibliothek:
Die Deutsche Nationalbibliothek verzeichnet diese Publikation in der
Deutschen Nationalbibliografie;
detaillierte bibliografische Daten sind im Internet über http://dnb.dnb.de abrufbar.

Herstellung und Verlag: BoD – Books on Demand, Norderstedt

ISBN: 9783749486120

Weitere Notizbücher von Iris A. Viola aus der Blüten – Notizbuchreihe:

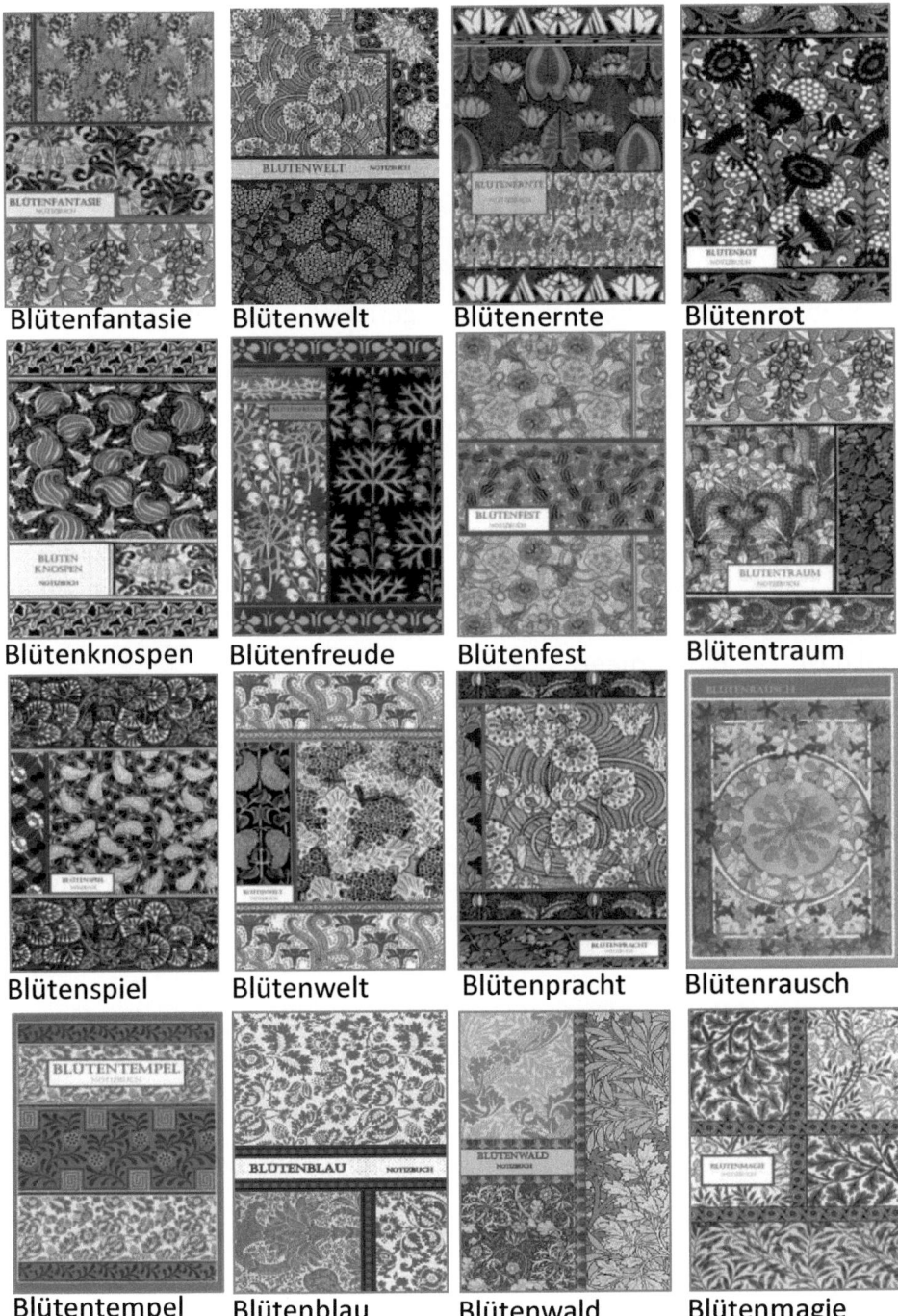

Blütenfantasie   Blütenwelt   Blütenernte   Blütenrot

Blütenknospen   Blütenfreude   Blütenfest   Blütentraum

Blütenspiel   Blütenwelt   Blütenpracht   Blütenrausch

Blütentempel   Blütenblau   Blütenwald   Blütenmagie

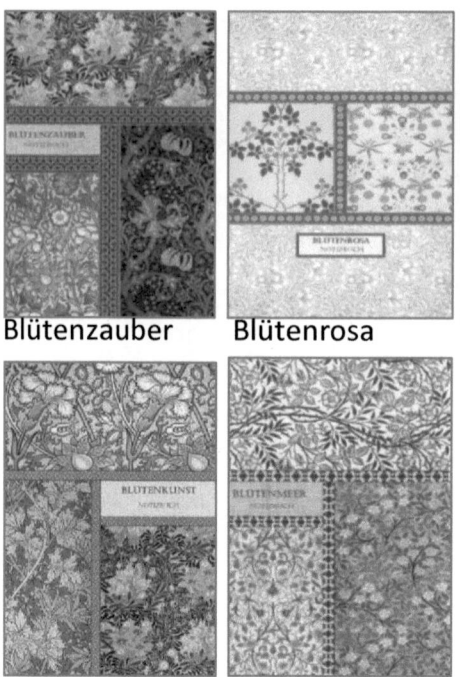

Blütenzauber Blütenrosa Blütengeflecht Blütenfrucht

Blütenkunst Blütenmeer